AF232566

LA LIBERTÉ

ET

LE PROGRÈS SOCIAL

SOUS LE RÉGIME OPPORTUNISTE

CONFÉRENCE

Donnée à Carpentras le 26 Juillet 1896

PAR

M. PIERRE MONICAT

AVEC UNE PRÉFACE PAR M. CHAMBERT

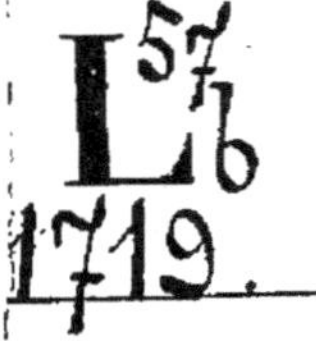

CARPENTRAS

JOSEPH SEGUIN, IMPRIMEUR-ÉDITEUR

10, Rue Porte-Monteux, 10

LA LIBERTÉ

ET

LE PROGRÈS SOCIAL

SOUS LE RÉGIME OPPORTUNISTE

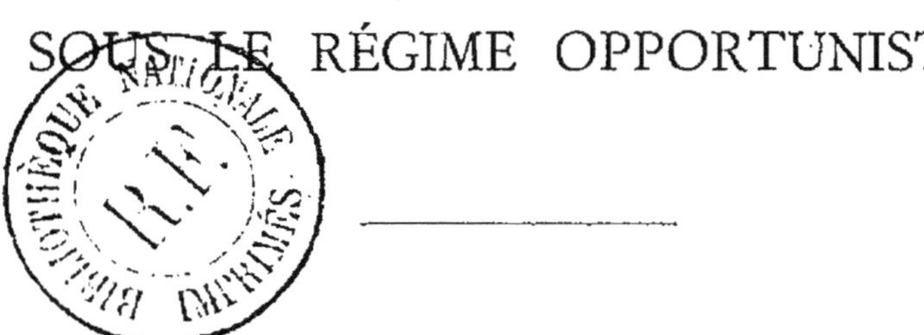

CONFÉRENCE

Donnée à Carpentras le 26 Juillet 1896

PAR

M. PIERRE MONICAT

AVEC UNE PRÉFACE PAR M. CHAMBERT

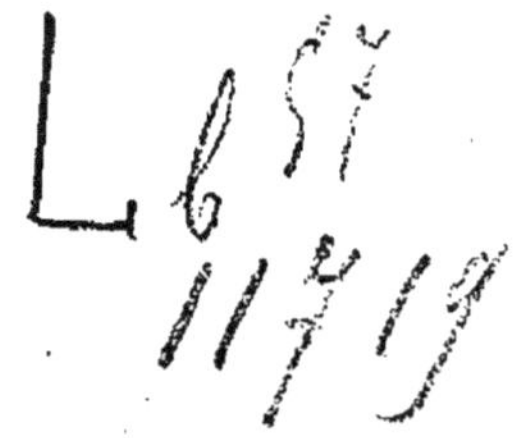

CARPENTRAS

Joseph **SEGUIN**, Imprimeur-Éditeur

10, Rue Porte-Monteux, 10

PRÉFACE

MON CHER AMI (1),

Vous me faites l'honneur, en votre nom et au nom de vos amis du Comtat, de me demander une préface pour la conférence que vous avez donnée à Carpentras, et dont vos auditeurs ont tenu à conserver le souvenir par une brochure.

J'en ai lu le compte-rendu avec la joie qui rajeunit les grands-pères.

Vous êtes un des premiers et des plus vaillants de la jeunesse chrétienne qui se lève avec la volonté de délivrer notre pays de la race et de la secte, qui, après l'avoir sournoisement envahi, le déchristianisent, le dépouillent, le déshonorent et l'oppriment.

(1) *M. Pierre Monicat*

Vous n'aviez que dix-neuf ans, lorsque, sans mesurer le péril, vous vous êtes jeté dans les réunions publiques, pour tenir tête aux sommités anti-cléricales du socialisme et de l'anarchie.

Votre cœur et votre foi suffisaient pour vous faire sortir vainqueur de ces joutes oratoires qui se transformaient souvent en batailles.

Mais l'action ne nuisait pas à vos études et aujourd'hui c'est la science du docteur qui s'ajoute à vos ardeurs pour accentuer l'effet de votre parole.

Vous avez été l'un des fondateurs du groupe lyonnais de la *France Libre*.

Alors la plume s'est jointe à la parole pour propager le cri de votre espérance et de votre foi :

La France aux Français !
Christ et Liberté !

J'ai pensé à vous et à tous vos amis du Rhône, de la Loire, du Jura, de l'Ain, de l'Allier, du Vaucluse, et même de Paris, en entendant l'abbé Lemire développer son programme de la Démocratie chrétienne devant l'immense assemblée réunie à Lyon par la *France Libre*.

« Quand il passe un courant puissant, a dit l'éloquent député, ce n'est pas avec la peur que le chrétien doit l'aborder.

« Jeunes gens, qui recèlez l'avenir de l'Eglise et du Pays, ce n'est pas avec la peur que vous avez regardé les deux courants contraires de la juiverie et de la démocratie.

« Au premier, roulant l'or et la boue, vous avez dit : « Nous t'arrêterons ! La France aux Français ! »

« Au second, vous avez dit : « Nous savons d'où tu viens ! Tu descends du Calvaire.— C'est toi qui feras renaitre la liberté et la justice. — Nous ne permettrons pas que le premier souille tes ondes et tu nous mèneras dans l'ordre et dans la paix au rétablissement du règne social du Christ. »

C'est par le travail et le dévouement, jeunes gens, que vous accomplirez votre tâche.

Cette tâche est longue et dure. Il y faut de l'énergie, de la persévérance et de la prudence. Il y faut aussi beaucoup de science et beaucoup de charité.

Vous ne reculerez ni devant les difficiles problèmes qui semblent vous défier, ni devant les luttes inévitables, dont vous commencez déjà à connaitre les âpres saveurs.

*
* *

Permettez-moi un dernier conseil. C'est celui que saint Jean ne cessait de répéter dans sa vieillesse : « Mes enfants, aimez-vous les uns les autres ».

Soutenez-vous, entraidez-vous, restez unis !

Restez unis ! Qu'importe maintenant la forme politique future de la démocratie chrétienne ! Il vous faut seulement combattre aujourd'hui contre la domination et la corruption talmudiques et préparer ainsi un meilleur avenir à la Patrie que vous aimez.

A vous de cœur,

CHAMBERT.

LA CONFÉRENCE DU 26 JUILLET

« Une conférence au mois de juillet, alors
« que les travaux des champs retiennent les
« agriculteurs à la campagne ; — alors que les
« chaleurs font trouver si agréables les frai-
« cheurs des villégiatures champêtres ; — une
« conférence sur la Démocratie, par un Démo·
« crate, — sujet brûlant et dangereux, quelle
« illusion, mes amis, et quelle déception vous
vous préparez !... »

Et l'illusion est devenue une splendide réa-
lité ; et la déception s'est transformée, pour
les imprudents et les audacieux, en un triom-
phal succès.

La conférence de notre ami Monicat était
annoncée, dimanche, pour 5 heures après-
midi. Dès quatre heures, des groupes nombreux prenaient le chemin du local Morel,
mettant dans le paisible quartier du Moulin
à Vent une animation inaccoutumée.

L'entrée était par la rue du Moulin à Vent.
Dans le passage qui conduit à la porte de la

grande cour du local Morel, les voisins avaient improvisé un ravissant jardin, des parteres embaumés de géraniums et de plantes de toute espèce. Tout le monde y avait mis la main avec un entrain qui faisait bien présager de l'empressement que mettrait le public à répondre à l'appel des organisateurs.

Dans la cour qu'une vaste toile recouvrait aux trois quarts de façon à arrêter les rayons du soleil couchant et à laisser la brise du soir répandre sa fraicheur, les draperies rouges s'harmonisaient admirablement aux tons joyeux des drapeaux tricolores en faisceaux et aux fleurs accumulées au pied de l'estrade.

Rapidement, la salle se remplit. Les agriculteurs de Serres, de la Légue, de la Quintine, de Terradou, de Plumanel, étaient largement représentés. Beaucoup d'ouvriers aussi, beaucoup de jeunes. On remarquait cependant et l'on regrettait l'absence de certaines personnalités que beaucoup eussent aimé voir au premier rang... Ce n'est pas en portant sur des personnes que l'on ne connait pas, et sur des doctrines que l'on ignore, des jugements préconçus, que l'on risquera de se faire une idée exacte des choses et des gens. Passons.

En même temps que les carpentrassiens arrivent des délégués de plusieurs villages : Bedoin, Sarrians, Monteux, Mazan, St-Didier, Althen, Pernes. Nous regrettons l'absence de notre ami Tardieu, d'Orange, président de l'Association, si florissante, de la Jeunesse catholique orangeoise ; par contre nos amis d'Avignon sont nombreux : Descos du Colombier, Pierre Roux, Pierre Fournel, Joseph Amic,etc.,ont bien voulu venir fraterniser avec nous et nouer entre les jeunes d'Avignon et les jeunes de Carpentras des rapports fraternels qui ne cesseront de se développer.

La grande cour du local Morel est à peu près pleine ; derrière la draperie rouge qui les dissimule mais ne les cache pas, appuyés à la crête d'un mur de la cour, des auditeurs et d'aimables auditrices partagent l'impatience générale que l'auditoire éprouve d'entendre l'orateur. Il est cinq heures un quart ; M. Pierre Monicat fait son entrée, salué par un tonnerre d'applaudissements.

Il prend place sur l'estrade où il est entourré de notabilités de Carpentras et des environs. M. Dominique Fabre, avoué honoraire, dont le dévouement est au service de toutes les bonnes causes et qui avait bien voulu accepter la présidence de cette réunion, déclare la séance ouverte, et prononce l'intéressante allocution que nous sommes heureux de reproduire :

Messieurs,

Avant de donner la parole à notre jeune et éminent conférencier, permettez-moi de lui souhaiter, en votre nom, la bienvenue, et de lui dire combien nous lui sommes reconnaissants d'avoir répondu à l'appel des hommes dévoués qui se sont occupés de l'organisation de cette conférence.

Pour la plupart de ceux qui sont accourus pour l'entendre, M. Pierre Monicat n'est pas un inconnu. Le nom et la réputation de l'orateur populaire de Lyon sont depuis longtemps venus jusqu'à nous. La crainte seule d'alarmer sa modestie, car je sais qu'il est aussi modeste qu'éloquent, m'empêche de vous dire tout le bien que je pense et que je sais de lui. Qu'il me suffise de vous dire que c'est *un grand cœur servi par un grand talent de parole*.

Je vous remercie donc, Monsieur, en mon nom et au nom de tous nos amis assemblés, pour le dévouement dont vous avez fait preuve en venant à nous.

L'attention que nous porterons à écouter votre discours vous exprimera, mieux encore que mes paroles, les sentiments de gratitude et de sympathie que vous nous inspirez et que nous éprouvons pour vous.

Je ne veux pas m'asseoir, sans vous présenter, en quelques mots, les hommes qui vous entourent, avides de vous entendre et de vous applaudir.

Ce sont les fils de ces braves et loyales populations comtadines, toujours fidèles à leur Dieu et à son culte, toujours fidèles à leur patrie.

Ce sont les descendants de ces vaillants qui, au seizième siècle, forcèrent à battre en retraite les huguenots, commandés par Dupuy-Montbrun et par le fameux baron des Adrets, au moment où ils tentaient d'envahir le Comté-Venaissin. Ce sont les fils de ceux qui, plus tard, battirent honteusement et mirent en déroute, à deux reprises différentes, les bandes d'assassins à la solde de Minvieille et de Jourdan Coupe-têtes, venus assiéger notre ville et tenter de la détruire.

Ces temps ne sont plus, et, pour le moment du moins, nous n'avons à redouter, Dieu merci ! ni la violation de nos foyers, ni le pillage ou l'incendie de nos églises, ni le massacre de nos religieux et de nos prêtres. — L'ennemi a pris une autre attitude et emploie d'autres moyens : l'hypocrisie a remplacé la férocité.

C'est à l'aide de lois nouvelles qu'on met les catholiques hors la loi.

Eh bien ! contre ces lois nous avons le droit de protester ; nous avons le droit de réclamer leur abrogation. — Et c'est pour cela que partout, sur tous les points de la France, se lève une génération nouvelle résolue à revendiquer ses droits de citoyens français et de catholiques, et à reconquérir la liberté et l'égalité, qu'on ne retrouve plus qu'au fronton de nos édifices publics.

La jeunesse de l'ancien Comté-Venaissin se lève à son tour. Elle ne demande qu'à entrer en lice ; mais elle a besoin d'être organisée et dirigée.

Vous étiez, Monsieur, tout indiqué pour lui donner les premiers conseils et les premiers encouragements.

Dieu fasse qu'au souffle de votre éloquence, son nombre s'accroisse, que son courage et son ardeur augmentent encore, et que surgisse l'homme énergique et dévoué qui les mènera au combat, et, Dieu aidant, à la victoire.

Monsieur Pierre Monicat, vous avez la parole.

Discours de M. PIERRE MONICAT

—

Messieurs,

C'est toujours une bonne fortune pour un conférencier d'être appelé à parler dans le Midi. Le soleil qui aime particulièrement vos régions semble avoir pétri vos cœurs de plus de flammes et vos auditoires qu'agite plus facilement le souffle des passions vibrent mieux que les autres à toute pensée généreuse, à tout noble sentiment. Permettez-moi donc, Messieurs, de commencer par remercier les amis dévoués à qui je dois le plaisir de vous adresser la parole : hier, je savais qu'on pouvait les aimer sans les connaître ; aujourd'hui je me rends compte qu'on ne peut les connaître sans les aimer.

Si je consulte, Messieurs, une des cartes d'entrée de cette conférence, je vois que votre désir est que, m'éloignant de toute question politique, je me borne à défendre ces deux grandes causes : la Liberté et la Religion.

Même ainsi délimité, le sujet est assez vaste pour que je ne sois pas tenté de sortir de ce cadre ; bien plus j'ajouterai que je vous suis reconnaissant d'avoir voulu écarter de cette réunion toute question irritante. Il me souvient à ce sujet d'une belle parole de M. de Cassagnac. S'adressant aux opportunistes, le député du Gers s'écriait dans une période enflammée : « La barrière qui nous sépare est bien moins faite de trônes renversés que de croix brisées. »

Quelques années ont passé et j'estime, quoi qu'on en dise, que l'abîme qui nous éloigne des hommes au pouvoir n'a fait que s'agrandir : les 'croix en effet n'ont pas été restaurées, les crucifix n'ont pas reparu sur les murs des éco'es, bien plus les scandales financiers se sont succédés avec une telle rapidité que, pour aller jusqu'a nos gouvernants, il ne suffirait plus de marcher sur des tronçons de croix, il faudrait encore consentir à nager dans un océan de boue.

Et en présence de cette corruption universelle le moment est bien choisi pour dire aux honnêtes gens de tous les partis : Quand un homme est en péril de mort, il faudrait être un sectaire criminel pour s'occuper de ses opinions politiques et ne pas chercher d'abord et avant tout à lui sauver la vie. Or aujourd'hui ne voyez-vous pas que la franc-maçonnerie régnante conduit votre patrie à cette décadence qui précède la fin des peuples ; ne vous rendez-vous pas compte que la religion, la propriété, la famille sont les bases immortelles sur lesquelles repose la patrie, qu'on ne peut attaquer les premières, sans par là-même frapper la seconde, et que la splendeur de celle-ci est faite des grandeurs de celle-là ?

Oublions donc un instant nos divergences secondaires ! Quelle que soit la forme du gouvernement que l'avenir réserve à notre pays, elle devra, pour durer, aimer la liberté et chercher le progrès social, et il est bon que le peuple sache comment des chrétiens comprennent ces deux principes de notre société moderne.

LA VRAIE LIBERTÉ

Il est bien passé, Messieurs, le temps où un peuple enthousiaste, séduit par les ardentes paroles de

Camille Desmoulins, dépouillait de leurs feuilles les arbres du champ de Mars et attachait à sa boutonnière la verdoyante cocarde de la liberté. Quelques mois à peine devaient s'écouler et la liberté révolutionnaire trainait derrière son jeune char de nombreuses victimes, dont l'une d'elles, avant de monter à l'échafaud, prononcait cette parole qui semble écrite pour son époque aussi bien que pour la nôtre : « O liberté, que de crimes on commet en ton nom ! » Ne voyons-nous pas en effet depuis vingt ans les hommes qui, pour arriver au pouvoir, ont fait miroiter aux yeux du peuple l'image de la liberté moderne et flétri le despotisme antique, ne les voyons-nous pas, dis-je, traitres à leurs principes, infidèles à leurs promesses, frapper d'ostracisme la grande majorité des citoyens, dont le seul crime es d'aller à l'Eglise au lieu de se livrer dans les loges aux mystérieuses pratiques du culte du grand architecte ?

Il me serait facile de faire passer devant vous tous les proscrits des libéraux modernes : magistrats arrachés à leurs sièges, ouvriers mis dans l'alternative de choisir entre la faim ou l'éducation religieuse de leurs enfants, jeunes gens systématiquement écartés des fonctions publiques pour n'avoir pas voulu apostasier la foi de leurs pères. L'énumération de toutes ces victimes serait aussi longue que tristement banale, et à ceux qui prétendent que notre foi nous rend incapables d'aimer la liberté, j'aime mieux me borner à répondre : Faites deux listes : mettez sur la première tous ceux que les gouvernements chrétiens ont éloignés des honneurs parce qu'ils ne croyaient pas, placez sur la seconde ceux dont vous avez brisé la carrière parce qu'ils croyaient et vous verrez que vos proscrits sont les plus nombreux, et que les sectaires les plus impitoyables sont ces Jacobins qui ont proclamé toutes les idées bonnes et toutes les opinions respectables. *(Applaudissements)*.

Vous voyez donc, Messieurs, combien est ridicule ce préjugé entretenu avec soin dans les masses, que les cléricaux se proposent de rétablir le gouvernement des curés, de distribuer des billets de confession forcée et de faire peser sur les consciences un joug outrageant pour la liberté comme pour la dignité humaine. Je crois bon, pour dissiper toute équivoque, de répéter ce que j'ai déjà dit et écrit maintes fois : si nous voulons le prêtre libre et respecté dans l'Eglise, si nous le reconnaissons sur la place publique l'égal des autres citoyens, si nous estimons que c'est son droit de briguer les suffrages des électeurs, nous n'avons jamais prétendu lui donner une entrée de droit dans nos assemblées politiques et transformer en un concile la chambre des députés, qui cependant n'y perdrait peut-être rien et pourrait même y gagner beaucoup.

Le prêtre est libre, s'il le juge à propos, d'affronter les batailles électorales, libre aussi est l'électeur de les lui faire perdre et c'est à chacun d'eux à voir ce qui convient le mieux à ses intérêts. Quant à exercer une pression morale dans les consciences, c'est là une idée qui n'est jamais venue à l'esprit d'aucun homme intelligent, car chacun sait que les convictions religieuses ne s'imposent pas par la violence et les chrétiens forcés sont de trop mauvais chrétiens pour que nous cherchions à en compter beaucoup dans nos rangs. Que nous arrivions jamais au pouvoir et nous saurons, mieux que tous autres, respecter la liberté des cultes, celle de la parole et de la presse, ces conquêtes de la société moderne, dont on peut ne pas approuver le principe mais auxquelles on doit accorder une respectueuse tolérance. Est-ce à dire cependant que nous laisserons la pornographie s'étaler dans la rue, les gravures obscènes souiller l'âme des enfants, qu'on pourra outrager comme on le voudra la patrie et la religion ? non, la liberté des uns finit devant le droit des autres et, sans avoir besoin des dernières lois d'exception, nous demanderons seulement l'application stricte de la loi de 1881 et la soumission à un jury de tous les délits d'opinion.

La liberté que nous voulons n'est pas cette liberté révolutionnaire, fille de l'échafaud, qui se plait dans l'épanouissement des instincts de la nature humaine, mais bien cette liberté issue de l'évangile qui se meut dans le bien et permet à chacun de penser et d'agir d'une façon différente dans les multiples questions où n'est pas engagée la viabilité de la société. C'est à elle que Garcia Moreno rendait hommage, lorsqu'il inscrivait en tête de sa constitution cette fière devise : Liberté pour tout et pour tous, excepté pour le mal et pour les malfaiteurs. C'est elle que les francs-maçons voulurent tuer en frappant à mort le président de la République de l'Equateur, mais la vraie liberté est comme Dieu, elle ne meurt pas et le jour où vous le voudrez, Messieurs, vous la verrez renaitre et grandir à l'ombre protectrice de la croix. *(Applaudissements).*

Si je cherchais surtout vos applaudissements, je vous dirais que ce jour est proche, je ferais passer sous vos yeux tous les outrages dont la maçonnerie a couvert notre liberté, et, dans des phrases aussi redondantes que nuageuses, après avoir flétri le présent, je saluerais l'avenir qui briserait le joug sous lequel nous sommes courbés maintenant.

Peut-être qu'après avoir entendu ma plaintive élégie,plus convaincus que vous êtes mis en dehors du droit commun, vous seriez plus tentés de gémir sur les malheurs des temps, de vous comparer aux martyrs et de cueillir dans un agréable intérieur des palmes faciles. Une telle méthode et un tel résultat seraient indignes de vous aussi bien que de moi. J'estime, comme l'a dit Drumont, que nous sommes à une époque où on n'a des droits qu'autant qu'on les défend, des libertés qu'autant qu'on les prend, et, semblables aux bardes antiques, dont la lyre ne vibrait qu'au moment des combats, les orateurs chrétiens ne doivent parler que pour exciter leurs auditeurs à passer de la stérile résistance oratoire aux actes féconds. *(Applaudissements et acclamations).*

LES PROCESSIONS

Si vous estimez, vous, catholiques, que le caprice d'un maire ne doit pas prévaloir contre les habitudes religieuses de nos ancêtres, si vous pensez que nos traditions ne sont pas faites pour céder devant l'intransigeance anti-cléricale, si vous vous jugez assez honorables pour passer en cortège dans les rues où circulent librement les cavalcades de cirques, eh bien, montrez votre amour pour la liberté en faisant un premier acte de liberté. *(Appl).*

Il y a quelques années, on voyait à certains jours de longues théories de prêtres, d'hommes, de femmes et d'enfants passer dans les rues en habits de fête, et, au milieu des lumières, des cantiques et des fleurs, célébrer pacifiquement les solennités de leur religion. La multitude même indifférente regardait avec respect ces pompes religieuses dont la beauté valait bien, vous le reconnaitrez, celle de ces sociétés de musique ou de gymnastique qui défilent presque quotidiennement sur nos places publiques.

Dans beaucoup de cités des hommes qui se réclamaient de la liberté arrivèrent au pouvoir portés par les suffrages du peuple, et, à peine installés dans leurs charges, ces fameux libéraux, devenus les domestiques des loges, prétendirent interdire aux catholiques l'exercice d'un droit séculaire. Or je dis, qu'en prenant cette décision, les réprésentants de la loi ont violé à la fois l'équité et le droit. Le maire en effet peut interdire les manifestations qui sont de nature à compromettre la sécurité de la rue, mais, lorsque le bon ordre est assuré, il commet un abus de pouvoir en violant l'article du Concordat qui décide que le culte catholique sera exercé publiquement. Or prenez l'histoire des processions, remontez aussi loin que vous voudrez dans les annales des municipalités, montrez-moi un cortège religieux qui ait occasionné des troubles sérieux et alors je vous reconnaitrai le droit de prohiber ces manifestations. Mais si vous êtes impuissants à faire cette preuve, si, bien au contraire, l'évidence des faits vous crie que jamais les processions n'ont occasionné de désordres, si, par pure haine pour nous, catholiques, ou par servilité pour les loges, vous nous mettez hors du droit commun, alors je suis en droit de vous dire que nous n'admettons pas que nos pères aient fait une révolution pour substituer au bon plaisir du prince le bon plaisir du franc-maçon. *(Appl.)*

Et si vous m'objectez qu'aujourd'hui les passions anti-cléricales déchaînées font craindre que les processions ne soient troublées par quelques affiliés des loges et qu'il est du devoir de l'autorité municipale de prévenir ces désordres possibles, je vous répondrai : Comment ! parce qu'il plaira à quelques fanatiques d'insulter le culte qui souvent est celui dans lequel ils choisissent leurs femmes et font élever leurs enfants, nos usages devront céder le pas à leur esprit sectaire et la gendarmerie et la police mobilisées serviront à faire prévaloir leurs caprices sur nos traditions et nos droits, tandis qu'il suffirait d'un commissaire de police et d'un procès-verbal pour réprimer le zèle belliqueux de ces chevaliers kadosche !

Entre l'immense majorité des catholiques et quelques disciples d'Hiram, il vous faut choisir, maires trop zélés ou trop timides ! Mais, quel que soit votre choix, sachez qu'on n'arrête pas comme on veut l'ouragan déchaîné. Et la tempête qui souffle aujourd'hui est une tempête de liberté, qui vous a déjà terrassés à Roubaix, à Reims, à Poitiers, à Avignon, qui vous renversera demain dans toutes les villes de France, partout où se trouvera une jeunesse généreuse qui estime que le baptème n'a pas imprimé sur son front un stigmate de servilité ! (*Applaudissements*).

LA FRANC-MAÇONNERIE

Et ne croyez pas, Messieurs, que nous demandions seulement pour nous la liberté de célébrer publiquement notre culte. Non, nous voulons pour les autres les droits que nous réclamons pour nous-mêmes. En Belgique comme en Amérique, on voit à chaque instant les différents partis politiques organiser avec ordre des démonstrations publiques sous l'œil de leurs adversaires qui ne cherchent pas à les spolier d'un droit dont ils usent eux mêmes.

Nous catholiques, nous serons les plus heureux des hommes le jour où il plaira à ces Messieurs de de la maçonnerie d'exposer à tous les regards leurs pieuses cérémonies. Allons ! fidèles disciples d'Hiram, ceux que vous appelez les amis de l'éteignoir vous convient aujourd'hui à la lumière ! Marchez les pieds en équerre dans les rues de nos cités ! Paraissez, vénérables avec vos triangles et vos petits tabliers ! Que les chants à Lucifer, doucement modulés par les douces voix de vos sœurs maçonnes, viennent réjouir nos oreilles, nous vous laisseront et passer et chanter. Mais si vous résistez à notre invitation, si, à une époque où catholiques et socialistes opposent au grand jour leurs étendards adverses, vous, et vous seuls, restez dans votre obscurité où se pressent les lâches dénonciations, où se préparent les persécutions anonymes, alors nous vous déclarons que nous ne voulons pas pour nous de l'ombre que vous recherchez si soigneusement pour vous-mêmes. Nous comprenons cependant que vous craigniez la lumière. Chaque fois en effet que vous vous êtes montrés au grand jour, vous avez apparu avec un tel cortège de hontes que vos amis eux-mêmes en ont été épouvantés. Arton, Cornélius Herz, Dreyfus, voilà la procession maçonnique la plus en vue aujourd'hui, voilà les échantillons sublimes du patriotisme et du dévouement maçonniques ! *(Applaudissements).*

Et cependant, Messieurs, ce sont les amis de ces hommes qui gouvernent ! Pas de ministère sans francs-maçons ! Pas de département qui ne compte au moins un frère ∴ comme représentant ! Pas de loi qui depuis vingt ans n'ait été silencieusement préparée dans les travaux de l'atelier, et, je le demande, Messieurs, aux catholiques et aux libéraux qui avaient tout espéré des principes de 1789, croient-ils que la France ait progressé parce qu'au pouvoir chevaleresque de l'aristocratie d'autrefois s'est substituée la tyrannie occulte d'une bande de vingt mille individus qui incarnent toutes les haines, toutes les bassesses, toutes les cupidités ! *(Applaudissements)*.

Ce jugement sur la maçonnerie paraîtra peut-être sévère à quelques-uns d'entre vous et cependant, pour le porter, je ne me place qu'au point de vue politique, ne voulant pas rechercher ce qu'il y a de vrai ou d'exagéré dans les révélations surnaturelles de Diana Vaughan ou du docteur Battail. — Or si je jette sur les loges le coup d'œil impartial de l'observateur je découvre trois catégories parmi ces hommes : d'abord des sectaires passionnés qui détestent la religion, haïssent d'une haine satanique toutes nos traditions chrétiennes et commandent pour cette raison à toute la maçonnerie ; ensuite des épiciers enrichis, des Homais de toutes professions, aussi plats devant leurs clients qu'insolents devant Dieu et qui croient suppléer à l'instruction qui leur manque en riant, du rire de l'ignorance, des vérités auxquelles ont cru Bossuet, Fénelon, Pasteur et tant d'autres génies ; et enfin des fonctionnaires, des peureux, des ambitieux de petite envergure, les plus excusables peut-être, qui demandent à la maçonnerie un avancement plus rapide ou un traitement plus élevé. Conscients ou inconscients, ces hommes sont les agents les plus actifs de la démoralisation du pays, les tyranneaux les plus implacables, les adversaires les plus résolus de la démocratie et de la liberté et voilà pourquoi nous disons à la jeunesse qui se lève : Souvenez-vous de votre foi insultée, et de vos anciens maîtres ignominieusement chassés de leur pays. Dans les salons, dans les théâtres, dans vos rapports commerciaux, n'aidez jamais ces hommes qui se serviront de vos bienfaits pour détruire vos croyances. Faites plus ! Forcez ces disciples des ténèbres à voir une autre lumière que celle du 3ᵐᵉ appartement ! Imitez cette courageuse *France-Libre* à laquelle je m'honore de collaborer et, sans crainte des procès, publiez les noms des frères .˙. que vous connaissez. Grâce à nos efforts la cour de Lyon vient de décider que révéler le secret maçonnique constitue un droit légitime ; usez de cette jurisprudence nouvelle et, si l'on vous attaque quand même devant les tribunaux, ne croyez pas vos condamnations stériles car déjà le peuple réveillé de sa torpeur commence à se dire : De quelle boue est donc pétrie l'âme de certains hommes pour qu'ils demandent à la justice de leur pays de considérer comme un sanglant outrage le fait de révéler simplement la vérité ! *(Appl.)*.

LA QUESTION SOCIALE

Si quelques-uns étaient tentés de m'objecter, à la décharge de la maçonnerie, que certains de ses membres, comme M. Yves Guyot, rendent service à la cause de l'ordre en combattant le socialisme, je les prierais de remarquer que Jaurès, Guesde, Millerand et la plupart des membres de l'extrême-gauche connaissent les mystères de l'acacia et qu'ainsi nous pouvons constater dans la secte deux courants, contraires seulement d'apparence. Tandis en effet que, dans certains ateliers, on ose approuver cette parole « il faut nous détourner du prolétariat, parce qu'il réclame beaucoup et ne rapporte rien, » dans d'autres on cherche à capter par des promesses irréalisables les faveurs de la démocratie; mais, qu'ils la bercent de rêves dorés ou qu'impitoyables ils refusent toute réforme, les francs-maçons aboutissent au même résultat : exciter la haine des ouvriers contre la société actuelle.

Les uns, suivant l'expression de Karl-Marx, reproduite par Jaurès, ont « interrompu la vieille chanson », et lorsque le peuple à qui ils avaient dit : « Tu seras roi ! » vient leur demander un aliment plus nourrissant qu'un bulletin de vote, leur dureté le repousse fatalement dans les bras des autres qui, plus hypocrites encore, le conduisent par des chemins fleuris à une révolution, d'où il sortira plus ensanglanté et plus meurtri.

Et ne voyez-vous pas, Messieurs, que les juifs, les grands banquiers, les agioteurs de tout genre qui font partie de la maçonnerie et marchent derrière l'ancien ministre des travaux publics jettent par leurs spéculations et leurs fortunes mal acquises un tel discrédit sur la propriété, que les collectivistes ont moins de peine à se faire écouter, lorsqu'ils répètent sous des formes plus ou moins atténuées la parole de Proudhon : « la propriété c'est le vol. »

Et c'est ainsi que l'opportuniste athée, qui prétend débarrasser le terrain social du collectivisme, est semblable à un homme qui d'une main arracherait de mauvaises herbes d'un champ et de l'autre en sémerait les graines. Faut-il s'étonner des haines aussi violentes qu'injustes qui s'élèvent contre le capital lorsque nous sommes à une époque où les capitalistes les plus puissants et les plus en vue appartiennent à une race impitoyable, sur laquelle pèse une malédiction séculaire et dont la fortune tout entière repose sur l'usure et sur l'agiotage ! Quand on pense que des juifs arrivés à peine depuis cent ans dans notre pays ont amassé des milliards conquis dans tous les scandales financiers, se sont servis de cette puissance de l'or pour subventionner les sociétés secrètes, nous ont récompensés de notre hospitalité en fondant une presse pornographique qui a jeté l'injure sur ce qu'il y a de plus respectable au monde, et, devenus maîtres du marché, peuvent à leur gré faire la hausse ou la baisse, empêcher notre alliance avec une nation amie ou relever les finances de l'implacable adversaire qui ne peut nous pardonner nos bienfaits, n'a-t-on pas raison d'éprouver une patriotique inquiétude, lorsqu'on sait que ces hommes appartiennent à une race dont on ignore les héros, dont on ne compte plus les Judas ! *(Longs applaudissements et profonde sensation)*.

DRUMONT

Et ici, Messieurs, pourrai-je m'empêcher de rendre hommage à Drumont. Sans doute nous pouvons ne pas approuver toutes ses polémiques, sans doute nos délicatesses frémissent parfois sous les lanières impitoyables de ce pamphlétaire chrétien, mais enfin n'est-ce pas lui qui a appris aux catholiques à redresser la tête sous l'outrage ? N'est-ce pas lui qui nous a fait changer la tactique de la résistance oratoire en celle de l'offensive ? N'a-t-il pas soulagé toutes nos consciences en arrachant de leur visage le masque d'honneur des pharisiens modernes et en couvrant de la boue du Panama et des Chemins de fer du Sud l'honorabilité maçonnique et juive ? N'a-t-il pas démontré au peuple que le christiauisme n'est pas fait pour se trainer à la remorque de l'agiotage et que les juifs n'ont pas encore attaché au char de leur fortune toutes nos vieilles traditions, toutes nos anciennes croyances ? Ne concrète-t-il pas enfin la révolte superbe de nos instincts nationaux contre l'égoïsme et l'hypocrisie des cosmopolites et ne convient-il pas de le saluer à la fois comme un grand nationaliste et un grand justicier?

La question anti-sémite n'est pas cependant, à elle seule, tout le problème social et j'en aborde avec confiance les autres parties, persuadé que la recherche, pour la classe ouvrière, d'un peu plus de bien-être matériel et moral doit faire oublier toutes les divergences secondaires, pour ne laisser voir qu'un homme qui pose à d'autres hommes une question d'humanité. La grande tactique de nos adversaires est de persuader au peuple que la religion est la gardienne de tous les coffre-forts, la servante attitrée de toutes les richesses mal acquises, la conseillère mielleuse de la résignation à toutes les iniquités. Ravaler le prêtre et le chrétien au rang du policier et du gendarme qui gardent la maison de Rotschild, voilà le but avoué des Jaurès et des Guesde qui veulent rejeter sur la religion l'odieux de l'agiotage *(Applaudissements)*.

Sans doute, Messieurs, l'église a toujours enseigné le respect de la propriété fondée sur le travail, elle l'a même consolidée par une sanction éternelle, mais en même temps elle a flétri les excès de la spéculation qui sont la négation de la propriété puisqu'ils constituent le dépouillement de beaucoup au profit de quelques-uns ! Ne voyons-nous pas l'évangile toujours incliné vers la foule qui souffre et, à l'exemple du Christ sur la montagne, notre devoir n'est-il pas de chercher à multiplier le pain qui rassasiera la multitude de ceux qui ont faim !

Le grand crime de notre société déchristianisée a été de faire de l'argent un dieu aux pieds duquel sont tombés avec l'idéal et l'honneur la base de toute société : la famille. Je ne connais rien de déchirant comme ces ménages ouvriers, où pères, femmes et enfants travaillent dans des ateliers différents, se réunissent le soir brisés par la fatigue et ne trouvent pas le temps de goûter chez eux ces joies de l'intérieur nécessaires au repos du corps comme à la joie de l'âme. De cette désorganisation du foyer proviennent le nombre toujours plus restreint des naissances, la mauvaise éducation des enfants et l'accroissement des crimes dans le jeune âge.

Sans doute on me dira que l'athéisme est la cause principale de tous ces maux, mais l'athéisme est semblable à ces plantes vénéneuses qui se développent d'autant plus qu'elles trouvent un terrain mieux préparé, et, comme le disait éloquemment l'abbé Lemire, « les ouvriers ne seraient pas sans foi ni loi, s'ils n'étaient souvent sans feu ni lieu », et on verrait moins de jeunes païens de 12 ans, si la mère n'était souvent forcée par nos conditions économiques de confier à des mains étrangères la chair de sa chair et le sang de son sang. *(Applaudissements)*.

REMÈDES

Le premier remède à ces maux serait d'empêcher l'émigration toujours croissante des agriculteurs vers les grandes villes, mais quand plusieurs valeurs mobilières échappent à l'impôt, quand, de l'aveu de M. Méline, les autres ne paient que 10 ou 12 %, tandis que la moindre parcelle de terre acquise par les sueurs du paysan doit au fisc 27 %, quand, dans la majorité des cas, nos lois testamentaires ne permettent pas au père de confier à un de ses enfants le champ et la maison acquis par son travail, est-il étonnant que se dispersent chaque jour, poussées à la ville par le vent du malheur, ces vieilles familles rurales, qui faisaient la force de notre pays, pendant que d'un autre côté croît chaque jour dans les cités la multitude ouvrière sans foyer et par conséquent sans ordre, qui va demander au socialisme un bonheur qu'il ne lui donnera pas ?

Donc qu'en augmentant les impôts sur les valeurs mobilières et en dégrevant l'agriculture, on permette au paysan de rester à la campagne, c'est la première réforme à faire. De cette façon les ouvriers, moins nombreux à la ville, y gagneront un salaire plus considérable qui permettra à la mère de rester à son foyer, et on verra diminuer progressivement le nombre de ces malheureuses jeunes filles qui travaillent de 12 à 15 heures par jour pour gagner 1 fr. 50 et sont tentées de demander au vice le supplément d'argent nécessaire à leur existence.

Et ensuite que, parallèlement à la réglementation du travail dans les métiers insalubres, à l'application stricte de la loi de 1892 sur le travail des enfants, à l'établissement du repos dominical, se développent ces associations professionnelles, si légitimes dans leur principe et cependant si violemment critiquées.

Pourquoi en effet les syndicats agricoles rendent-ils des services considérables, tandis qu'au contraire les syndicats ouvriers, détournés de leur principe, sont souvent des foyers de désordre, si ce n'est parce qu'à la tête des premiers se trouvent des hommes amis de la religion et de la justice, tandis que les seconds ont comme seigneurs et maîtres ces rhéteurs socialistes qui leur demandent des fiefs électoraux en échange de leurs paroles de haine.

Eh bien ! Messieurs, en face de ces syndicats révolutionnaires, créons des syndicats chrétiens, et pour cela formons des patronages pour les jeunes ouvriers, groupons-les ensuite pour la défense de leurs intérêts, soutenons leurs revendications toutes les fois qu'elles nous apparaîtront conformes à la justice, et de cette façon, en face de l'armée socialiste, nous aurons une armée démocratique sagement progressiste, seule capable de préserver notre pays des horreurs de cette révolution qui semble imminente à beaucoup. *(Applaudissements)*.

Et cependant il ne faut pas nous le dissimuler : quels que soient les progrès sociaux de l'avenir, il y aura toujours et des cœurs pour souffrir et des yeux pour pleurer, et l'humanité meurtrie, trouvant dans ses souffrances le stimulant même du progrès; demandera jusqu'à la fin des temps plus de bien-être et plus de jouissance. La seule chose qui importe est de montrer au peuple que nous, chrétiens, et nous seuls, pouvons mettre un peu de baume sur ses blessures.

Qu'a produit en effet la haine créatrice dont parle Jaurès. Je vois qu'elle a excité des guerres terribles, et qu'elle provoque chaque jour des conflits, mais aucune réforme n'est encore sortie de cette agitation stérile. Pendant ce temps-là nous recueillons dans nos hôpitaux et dans nos asiles les tristes victimes des agitateurs, et, en présence des sommes énormes que nous consacrons chaque année à soulager la souffrance, nous sommes en droit de dire au peuple : Ceux qui pratiquent le mieux la charité, ne seront-ils pas aussi les plus aptes à faire passer la justice dans les lois, le jour où ta confiance les portera au pouvoir ? Choisis entre les hommes qui t'ont toujours servi et ceux qui se servent de toi pour arriver aux honneurs *(Appl.)*.

J'ai confiance, Messieurs, qu'un jour viendra où ces paroles seront comprises, et, quelque menaçants qu'apparaissent les événements, je garde l'invincible confiance de voir le peuple revenir aux chrétiens, revenus eux-mêmes à l'esprit de l'Evangile.

La société actuelle, frappée par l'athéisme, est semblable à ce passant de l'Evangile que des voleurs dépouillèrent et laissèrent ensanglanté sur le chemin. Près de lui passe le socialisme qui dit à ce moribond : « Allons, lève-toi ! redresse tes membres endoloris, et, malgré tes douleurs, rassemble tes forces pour m'élever sur un pavois du haut duquel je pourrai mieux défendre tes droits. » Et le peuple crédule réunit ses efforts pour porter sur ses épaules ensanglantées des tribuns de hasard, aussi insensibles à ses maux qu'heureux de pouvoir crier de plus haut : « O peuple, vois combien nous t'aimons, nous qui daignons nous servir de toi pour conquérir les honneurs et l'argent ». Le christianisme, au contraire, est ému de pitié en présence de l'épuisé qui gémit sur le chemin. Il verse sur ses plaies l'onguent qui les soulagera, et, préoccupé avant tout de guérir ses maux, il ne demande que la permission de rendre à la santé, dans ses hôpitaux et ses asiles, la triste victime de l'égoïsme des uns et de l'amour intéressé des autres.

Aux derniers temps de l'empire Romain, quand des *imperatores* de hasard se disputaient au milieu des séditions une pourpre éphémère, on sentait peser sur l'empire décadent ce grand malaise précurseur des tempêtes, et les poètes et les philosophes, alarmés des succès des barbares, pensaient que les derniers jours de Rome étaient venus et qu'il ne resterait bientôt plus de la cité dominatrice qu'un amas de cendres sans nom. Et de fait les barbares passèrent, mais Rome resta toujours la grande cité, car, pendant que ses généraux et ses empereurs laissaient échapper de leurs mains débiles ses conquêtes passées, s'était développé silencieusement dans les catacombes *un parti nouveau* qui devait donner la royauté spirituelle de l'univers à la cité reine qui perdait la royauté temporelle du monde.

Nous ignorons, Messieurs, si ces barbares modernes qui marchent à la destruction de la religion, de la propriété et de la patrie, réussiront à anéantir, dans les horreurs d'une révolution, nos institutions politiques! mais ce que nous savons c'est que leur œuvre, purement négative, sera de courte durée, et que le peuple désabusé cherchera bientôt à qui confier ses nouvelles destinées. — C'est alors que vous apparaîtrez, jeunes gens! Semblables à vos ancêtres dans la foi, vous aurez silencieusement organisé vos forces, vous serez restés purs de tout scandale, et la confiance populaire investira encore des chrétiens de la direction sociale de la démocratie, qui marchèra sous leur conduite à la recherche de plus de justice et de plus de liberté. *(Triple salve d'applaudissements)*.

Après l'ovation qui suit ces dernières paroles, M. Dominique Fabre, aux applaudissements de tous, remercie le conférencier et l'auditoire :

Monsieur,

Les applaudissements qui viennent d'accueillir votre discours si éloquent vous disent assez que vous avez été compris ; que tous les cœurs battent ici à l'unisson du vôtre.

. Je vous remercie de nouveau et de tout cœur d'avoir bravé les fatigues d'un long voyage, par une température sénégalienne à laquelle nous, méridionaux, avons peine à nous habituer, pour venir, en un discours magnifique, donner à notre jeunesse catholique vos conseils et vos encouragements.

Si je l'osais, j'ajouterais aux remercîments que je viens de vous adresser, au nom de tous, le vœu de vous revoir encore au milieu de nous dès que notre ligue catholique du Comtat sera organisée.

Messieurs, ou plutôt mes chers amis,

Nos premiers remercîments devaient être pour notre éloquent et sympathique orateur, M. Monicat. Mais nous avons au milieu de nous des hommes dévoués qui ont aussi des droits à notre gratitude. Je veux parler des membres si distingués du clergé de nos deux paroisses, de ces prêtres zélés et dévoués, que nous avons dès longtemps appris à vénérer et à aimer.

Ils nous prêchent non seulement par la parole, mais encore et surtout par l'exemple ; leurs encouragements nous sont précieux.

Dans une circonstance récente, notre vénéré curé de Saint-Siffrein a défendu nos droits, vous le savez tous, avec une vaillance et un talent auxquels je suis heureux de rendre publiquement hommage.

Je les remercie donc tous bien sincèrement de ce qu'ils ont fait et de ce qu'ils feront encore pour nous aider et nous encourager.

Et maintenant (c'est aux jeunes surtout que je m'adresse), debout et à l'œuvre ! — Vous serez aidés et soutenus par vos anciens.

Organisez-vous, préparez-vous en vue des luttes pacifiques et légales auxquelles on vous convie, et qui sont certainement prochaines.

Que votre cri de ralliement soit celui qui s'échappait naguères du cœur et des lèvres de l'un des plus illustres parmi nos orateurs chrétiens :

Vive Dieu ! En avant pour le Christ, pour la France et pour la Liberté !

Personne ne demandant la parole, la séance est levée, et, lentement, la foule s'écoule en commentant l'admirable et substantiel discours qu'elle vient d'entendre. Il y a longtemps que nous n'avions entendu ici parole aussi éloquente et en même temps aussi nette, aussi convaincue, aussi *neuve*, dirions-nous presque. Car n'était-ce pas pour beaucoup une nouveauté que d'entendre un homme convaincu et sincère venir proclamer, à l'encontre d'un préjugé soigneusement entretenu dans les masses, que les catholiques, comme les autres et plus que les autres, avaient au cœur l'amour du Peuple et le désir de le lui prouver.

Non certes, le dévouement au Peuple n'est pas le monopole d'un parti, d'une école ou d'une secte ! Non certes, celui-là n'est pas le seul et véritable ami des classes laborieuses qui répand sur elles les belles paroles et met en leur cœur de décevantes espérances. Ceux-là l'ont compris qui applaudissaient Monicat il y a huit jours ; ceux-là le comprendront qui, sans parti-pris, liront son admirable discours.

Et c'est pour cela surtout que nous remercions notre ami Monicat et que nous lui répétons ce que nous lui disions au moment de son départ : « *Adieu, non pas ! mais, Au Revoir.* »

A l'issue de la conférence un banquet intime réunissait à l'hôtel Michel les organisateurs de la réunion, les délégués des villages et quelques invités. Ce fut une très agréable fin de journée. Sur la terrasse où le repas fut serv en plein air, le ciel apaisé versait maintenant sa fraicheur, et les conversations se croisaient animées, pleines du souvenir des émotions de la journée.

Faut-il dire qu'il y eût des toasts et qui les porta ? Redire qu'en levant son verre à la démocratie chrétienne Monicat fut plus que jamais éloquent ? Non. Retenons seulement ceci : c'est que tous ceux qui prirent la parole insistèrent, aux applaudissements de tous, sur la nécessité d'une union qui est indispensable, et que, pour notre part, nous appelons de tous nos vœux. Espérons que ces souhaits seront promptement réalisés.

Nous ne pouvons nous empêcher d'ajouter que nos jeunes amis d'Avignon, MM. Descos du Colombier, Amic, Pierre Fournel et Pierre Roux nous ont émerveillés par leur entrain de bon aloi, et surtout par les paroles parties du cœur qu'ils ont bien voulu nous adresser. Merci à tous !

Carpentras, Imprimerie Joseph Seguin